yukismart.com/b/638ba6

bebé

малюк

maliuk

niño

хлопчик

khlopchyk

amigos

друзі

druzi

niña

дівчинка

divchynka

sonreír

посміхатися

posmikhatysia

llorar

плакати

plakaty

cabello

ВОЛОССЯ

volossia

ojo

ОКО

oko

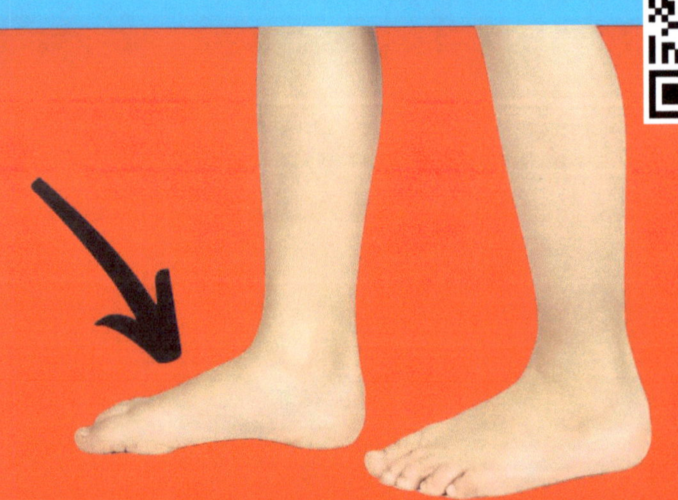

pie

СТОПА

stopa

mano

КИСТЬ

kyst

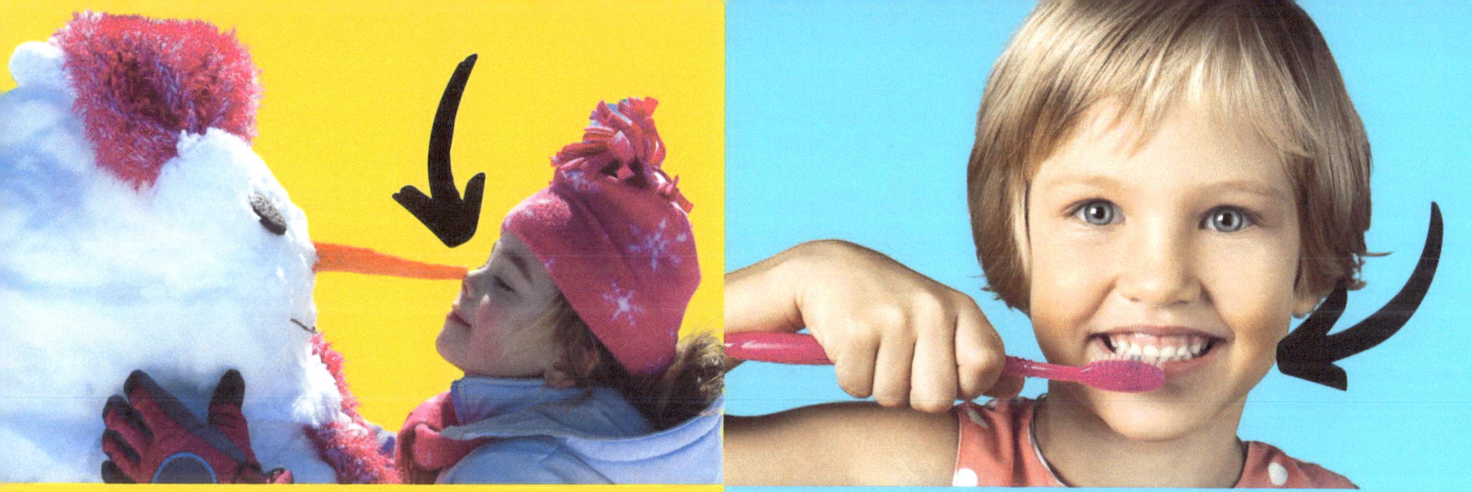

nariz

ніс

nis

dientes

зуби

zuby

oreja

вухо

vukho

lengua

язик

iazyk

sol

сонце

sontse

luna

місяць

misiats

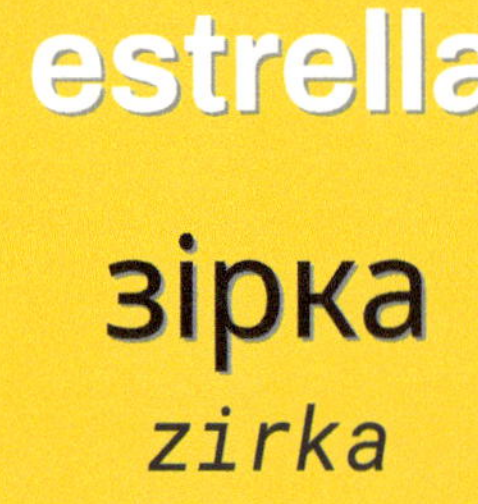

estrella

зірка

zirka

árbol

дерево

derevo

pájaro

пташка

ptashka

abrigo

пальто

palto

pantalones

штани

shtany

vestido

сукня

suknia

zapatos

черевики

cherevyky

rojo

червоний

chervonyi

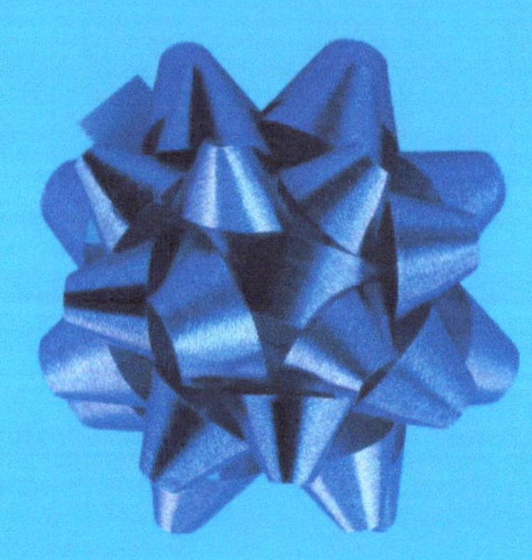

azul

синій

synii

amarillo

жовтий

zhovtyi

rosa

рожевий

rozhevyi

білий

bilyi

зелений

zelenyi

чорний

chornyi

multicolor
різнокольоровий
riznokolorovyi

arcoíris

веселка

veselka

manzana

яблуко

iabluko

plátano

банан

banan

tomate

помідор

pomidor

naranja

апельсин

apelsyn

zanahoria

морква

morkva

guisantes

горошинки

horoshynky

patata

картопля

kartoplia

maíz

кукурудза

kukurudza

limón

лимон

lymon

uvas

виноград

vynohrad

pera

груша

hrusha

sandía

кавун

kavun

calabacín

Кабачок-цукіні

Kabachok-tsukini

huevo

яйце

iaitse

seta

гриб

hryb

cuadrado

квадрат

kvadrat

círculo

коло

kolo

rectángulo

прямокутник

priamokutnyk

triángulo

трикутник

trykutnyk

gato

кішка

kishka

perro

собака

sobaka

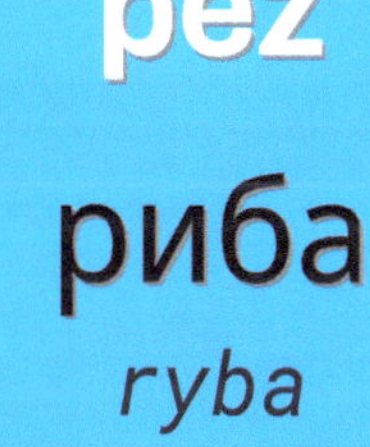

pez

риба

ryba

vaca

корова

korova

pato

качка

kachka

pollito

курча

kurcha

gallina

курка

kurka

rana

жаба

zhaba

cerdo

свиня

svynia

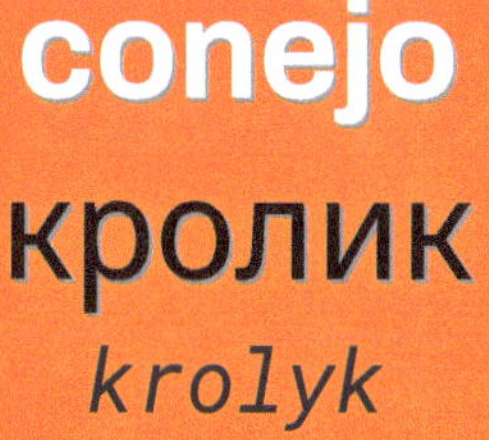

conejo

кролик

krolyk

ratón

миша

mysha

caballo

КІНЬ

kin

oveja

ВІВЦЯ

vivtsia

flor

квітка

kvitka

mariposa

метелик

metelyk

mariquita

божа корівка

bozha korivka

caracol

равлик

ravlyk

pastel

тістечко

tistechko

pan

хліб

khlib

reloj

годинник

hodynnyk

llave

ключ

kliuch

libro

книга

knyha

pelota

м'яч

m'iach

mesa

стіл

stil

plato

тарілка

tarilka

silla

стілець

stilets

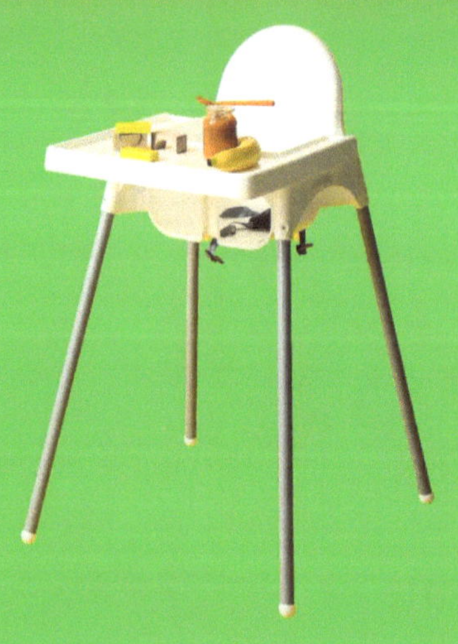

trona

стільчик для годування

stilchyk dlia hoduvannia

tenedor

виделка

vydelka

cuchillo

ніж

nizh

cuchara

ложка

lozhka

taza

чашка

chashka

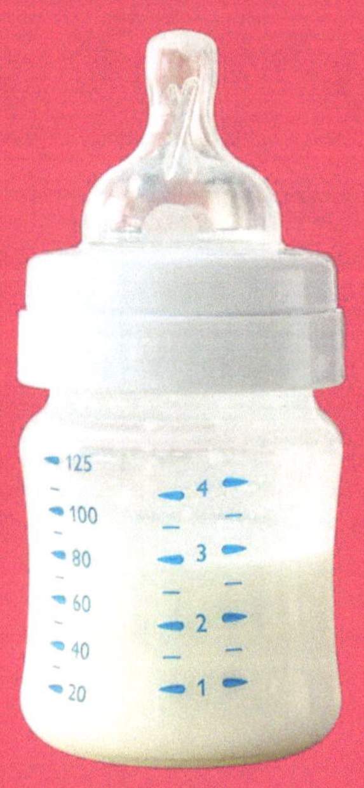

biberón

дитяча пляшечка
dytiacha pliashechka

vaso

стакан
stakan

cama

ліжко

lizhko

cuna

дитяче ліжко

dytiache lizhko

oso de peluche

плюшевий ведмедик

pliushevyi vedmedyk

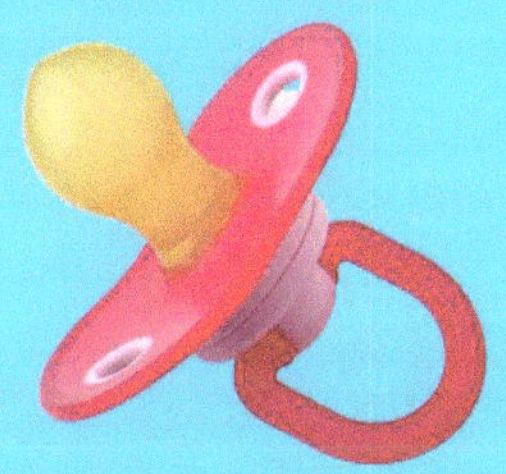

chupete

соска

soska

toalla

рушник

rushnyk

lavabo

раковина

rakovyna

cepillo de dientes

зубна щітка

zubna shchitka

jabón

мило

mylo

inodoro

унітаз

unitaz

orinal

дитячий горщик

dytiachyi horshchyk

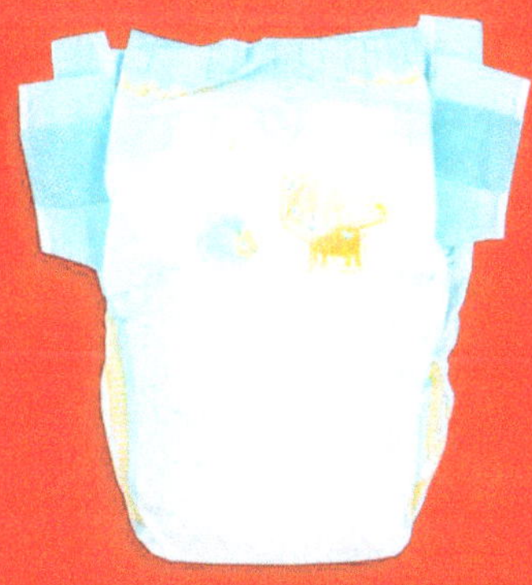

pañal

підгузник

pidhuznyk

coche

машина

mashyna

bicicleta

велосипед

velosyped

avión

літак

litak

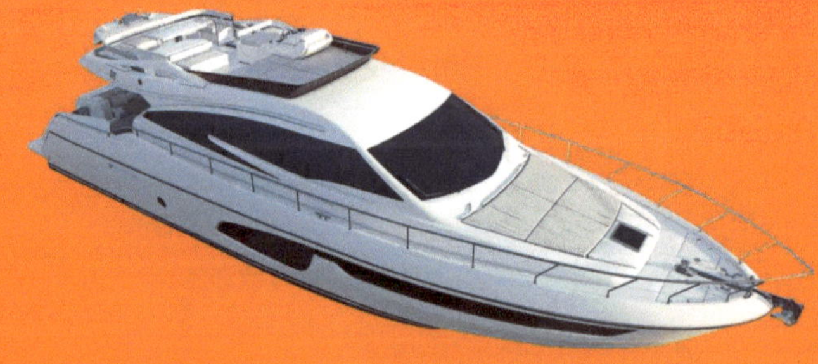

barco

човен

choven

camión de bomberos

пожежна машина

pozhezhna mashyna

tren

потяг

potiah

juguetes

іграшки

ihrashky

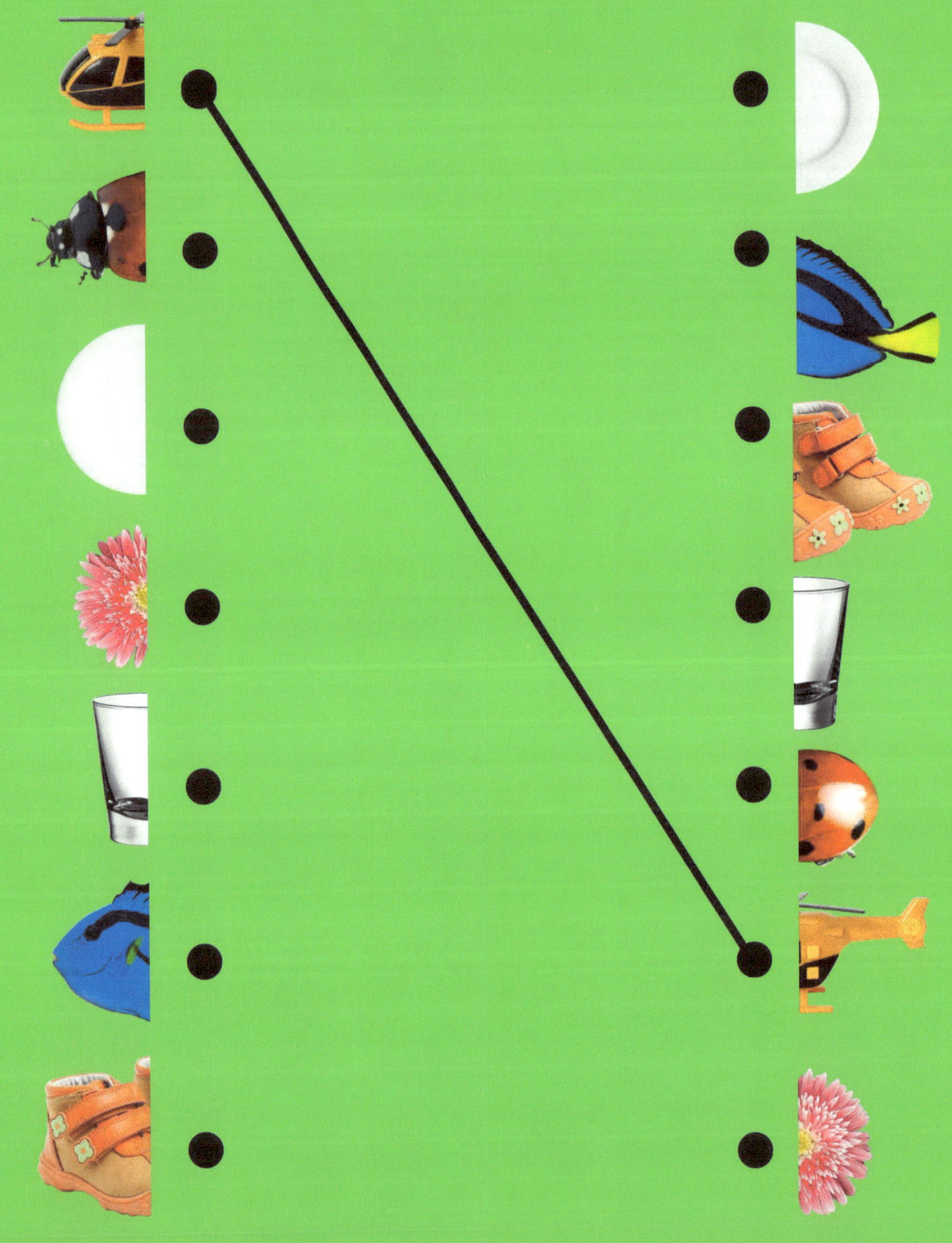